Wolf Karge

Kleine Geschichte Mecklenburgs

Rhino Westentaschen-Bibliothek
Band 102

Wolf Karge

Kleine GESCHICHTE MECKLENBURGS

RHINOVERLAG

Fotos: Wolf Karge und Archiv Wolf Karge, außer Seite 22: Ronny Krüger, Neubrandenburg; Seite 40: Anette Cotta; Seite 59: Lutz Gebhardt; Seite 61: Horst-schlaemma; Seite 69: Museumsfotograf, CC BY-SA 4.0; Seiten 72/73: Andreas Kosmehl

Titel: Karte der Großherzogtümer Mecklenburg-Schwerin und Mecklenburg-Strelitz, Meyers Großes Konversations-Lexikon, Band 13. Leipzig 1908

Rückseite: Wappen des Herzogtums Mecklenburg, OwenBlacker

Seite 2: Münster zu Bad Doberan, Mittelschiff, Blick auf den Kreuzaltar mit Triumphkreuz (1360/70)

Impressum

Am Hang 27, 98693 Ilmenau
Tel.: 03677/46628-0, Fax: 03677/46628-80
www.RhinoVerlag.de

Layout, Satz: Ute Schmidt, Geraberg
Schrift: Aldine401 BT
Titelgestaltung: Jana Rogge, Weimar

1. Auflage 2024

ISBN: 978-3-95560-102-7

Inhaltsverzeichnis

Prolog 7

Westmecklenburg

Hühnenbetten und ein „Teufelsbackofen“ im Everstorfer Forst 19

Slawisches Leben in Groß Raden 21

Vom Klützer Winkel. 23

Dömitz und seine Festung 32

Ludwigslust – eine Lust als Residenz 34

Niederungsburg Neustadt-Glewe 37

Wismar, die Hanse und Schweden 39

Schwerin und sein Schloss 41

Sternberg und seine Bedeutung über die Stadtgrenzen hinaus 43

Mittleres Mecklenburg

Dargun – Kloster und Residenz 47

Heiligendamm – ältestes Seebad auf dem Kontinent 51

Güstrow – Klein Paris 53

Plau am See – Stadt unter Dampf. 57
Ulrichshusen – eine klingende Burg 58
Stavenhagen und Fritz Reuter. 60
Teterow als Mittelpunkt von Mecklenburg-Vorpommern. 62
Alt Schwerin und sein Agroneum 65
Ribnitz-Damgarten – eine Stadt in zwei Ländern 68
Rostock – die heimliche Hauptstadt. 71

Mecklenburg-Strelitz

Feldberg zwischen Bergen und Tälern 77
Burg Stargard – die doppelte Burg 79
Hohenzieritz und die Königin Luise 81
Neustrelitz – eine Residenz und ihr Ende. . . 83
Mühlen in Woldegk 86
Neubrandenburg – Stadt der vier Tore 90
Literaturverzeichnis 93

Prolog

Auch für Mecklenburg hält die Geschichte landespatriotische Superlative bereit: die größte Anzahl slawischer Burgwälle, das älteste Seebad auf dem europäischen Kontinent, oder auch das am dünnsten besiedelte Gebiet. Der größte Binnensee Deutschlands ist die Müritz, denn der Bodensee wassert nur zum Teil auf deutschem Grund. Berühmte Personen: Heinrich Schliemann kommt aus Neubukow und wuchs in Ankershagen auf. Ludwig Bölkow ist gebürtiger Schweriner. Uwe Johnson ging in Güstrow zur Schule. Bedeutende Erfindungen nahmen von hier ihren Weg: Der Strandkorb wurde in Rostock erfunden. Der erste seegehende eiserne Schraubendampfer Deutschlands lief dort vom Stapel. Das ist nur die Spitze der Ruhmestaten.

Politisch machte das Land in der jüngeren Vergangenheit von sich reden: Im Jahr 2007 trafen sich die Mächtigen der Welt zum G8-Gipfel in Heiligendamm. Das symbolkräftige Foto – im XXL-Strandkorb – ging um die Welt.

Wellen schlug die Entscheidung zu einer rot-roten Landesregierung aus SPD und PDS 1998.

Geprägt hat das Land und die Menschen über Jahrhunderte die Ostsee. Schon die Wikinger wussten den Kontakt mit den slawischen Stämmen an der südlichen Küste zu schätzen. Von sagenhaften Städten ist in Legenden die Rede. Archäologische Fakten sprechen von friedlichen Handelsplätzen. Christliche Eroberer aus Dänemark und Sachsen siegten schließlich mit wenig christlichen Mitteln über die Slawen. Die Volksgruppen vermischten sich zum „Neustamm" der Mecklenburger. Widerstandskraft und Beharrlichkeit der Obodriten und Lutizen verbanden sich mit Unternehmungsgeist und bäuerlichem Geschick von Rheinländern und Westfalen. Seitdem haben die Bewohner dieser Region die für Fremde schwer zu ergründende Mentalität zwischen Sturheit und Gewitztheit. Verunglimpfungen als rückständige und maulfaule „Fischköppe" stammen von Auswärtigen. Bismarck wird nachgesagt, dass er, wenn die Welt unterginge, nach Mecklenburg wollte, weil sie dort 50 Jahre später unterginge. Angeblich seien die Mecklenburger „verdammt phlegmatisch, kalt und schwerfällig". Fontane ärgerte sich, dass man ihm mit bierernstem Gesicht Märchen auftischte, auf die er offensichtlich reinfiel: „Das nennen sie dann Humor, wenn sie mit einem ziemlich unverschämten Gesicht, aus ihrem Mustopf herauskucken."

Übelnehmer und Besserwisser haben es hier schwer.

Der Hanse im späten Mittelalter folgte Reichtum. Dem Reichtum folgten Machtkämpfe um den Reichtum. Dänen, Schweden, Pommern und Mecklenburger konkurrierten um die Herrschaft im Ostseeraum, mit wechselndem Erfolg. Und wieder folgten Legenden. Die „Störtebeker-Festspiele" verkaufen diese Geschichten bereits seit über 60 Jahren schauspielernd außerordentlich erfolgreich.

Hinterlassenschaften hanseatischen Reichtums sind die Kirchen. In ungewöhnlich großer Zahl sind sie in Backstein und im hochstrebenden Stil der Gotik überliefert. In ihrem „großen ausgetrockneten Rot", wie es Uwe Johnson nannte, lassen sie über Baukunst, Handwerk und Bildkunst staunen. Stadtpfarrkirchen, Dorfkirchen von beachtlicher Größe und schlichte Klöster besonders der Zisterzienser in ländlichen Regionen wurden flächendeckend zu Wegweisern für Reisende. Bürgerhäuser, Stadttore, Rathäuser und auch Burgen sind Zeugnisse profaner Baukunst. Spätere Zeiten brachten diesen Reichtum nicht mehr hervor. Die Reformation in der Mitte des 16. Jahrhunderts verordnete dem Kirchenbau Mäßigung. Der Dreißigjährige Krieg brachte das endgültige Ende der Hanse. Folgende Generationen erhielten die Backsteinmassen notdürftig, hatten aber kaum Kraft für Neubauten. Die Deutsche Stiftung Denkmalschutz erkannte das Potential dieser Hinterlassenschaft, die allerdings durch Bombenangriffe während des Zweiten Weltkrieges und Kirchenfeinde in der DDR in den Städten noch einige schwere Verluste erfahren hatte, und entwickelte die „Straße der Backsteingotik", auf der sich heute die Touristen von Höhepunkt zu Höhepunkt bewegen, bis der Nacken schmerzt und die Augen in der Landschaft Erholung suchen.

Dorfkirche Dreveskirchen, 2. Hälfte des 13. Jahrhunderts

Nach dem Dreißigjährigen Krieg stärkte der Adel seine Macht gegenüber den mecklenburgischen Fürsten. Dynastischen Teilungen in Mecklenburg-Schwerin und Mecklenburg-Güstrow und 1701 in Mecklenburg-Schwerin und Mecklenburg-Strelitz setzten Adel bzw. Gutsherren im Bündnis mit den größeren Städten eine „Landständische Union" als politische Klammer entgegen, die bis 1918 Bestand hatte.
Erhaltener sichtbarer Ausdruck starker Grundbesitzer sind ihre zahlreich überlieferten repräsentativen Schlösser oder Herrenhäuser mit weitläufigen Parks.
Seit über 200 Jahren, seit der Gründung von Heiligendamm durch den mecklenburgischen Großherzog Friedrich Franz I., gehören sie zum sommerlichen Bild – die Fremden, Touristen, Forensen oder Badegäste. Die Gründe für eine Reise wandelten sich im Zeitgeschmack. Zerstreuung und Badekuren standen am Anfang. Es folgte die Sehnsucht nach Natur und Ruhe. Um 1900 kam das Sonnenbad hinzu. Gebräunte Haut wurde gesellschaftsfähig und der Strandkorb möblierte den feinen Sandstrand. Seit der Errungenschaft „Ur-

Des

Durchlauchtigsten Fürsten und Herrn

HERRN

Christian Ludewigs

Herzogen zu Mecklenburg, Fürsten zu Wenden, Schwerin und Ratzeburg, auch Grafen zu Schwerin, der Lande Rostock und Stargard Herrn rc.

mit

Dero Ritter- und Landschaft

getroffener

Landes-Grund-Gesetzlicher Erb-Vergleich

Vom Dato Rostock den 18ten April 1755.

Vertrag zwischen Fürsten, Gutsbesitzern und den Bürgermeistern größerer Städte von 1755 – mecklenburgisches „Grundgesetz“ bis 1918

laub“ verebbten die Touristenströme nur während der beiden Weltkriegskatastrophen. In Krisenzeiten traten andere Sommerfrischler, wie erholungsbedürftige Kinder und Kranke den Weg an die Ostsee oder die Binnenseen an. Das Potenzial zahlender Gäste wurde schnell erkannt. Die vollgewerbliche Beherbergungswirtschaft hatte die DDR-Politik 1953 mit der „Aktion Rose“ handstreichartig verstaatlicht und dem FDGB-Feriendienst übergeben. Die Seegrenze bewachte seit 1949 die „Volkspolizei See“ und später die „Grenzbrigade Küste“ neben den anderen Organen wie Polizei und Staatssicherheit. Trotzdem gelang es immer wieder Menschen, unter abenteuerlichen Umständen über das Meer zu fliehen.
Dagegen wuchs die Flotte der Deutschen Seereederei bis 1989 zur größten Handelsflotte der Welt. Mit der Werftindustrie war das technische Potenzial in friedliche Bahnen gelenkt worden, das während des NS-Regimes als Flugzeugindustrie von Heinkel, aber auch Konzernen wie Dornier, Arado und anderen eine rasante Entwicklung nahm. Aus Flugzeugbauern wurden in der DDR Schiffbauer. Diese Industrie lebt fort.

Überlebt hat über Jahrhunderte auch die Universität in Rostock. Als geistiger Machtanspruch hansischen Bürgertums entstand sie 1419 und zog Studiosi aus ganz Nordeuropa an. Als sie 1950 die Technische Fakultät für Schiffbau einrichtete, rümpfte man in anderen ehrwürdigen Universitäten die Nase. Heute sind diese Absolventen inter-

Siegel der Universität Rostock 1443

national gefragt. Die Universität erfreut sich eines guten Rufs und trägt erheblich zur Verjüngung der Stadt bei.
Nur Rostock ist seit 1936 Großstadt und zählt 210.000 Einwohner. Schwerin, die Landeshauptstadt, rückte 1972 nach, sank aber 2002 unter die magische Grenze von 100.000. Nur wenige Orte sind mittelstädtisch. Die meisten Kommunen haben unter 20.000 Einwohner.
Die Ostseeküste ist bekannt. Doch Hügel im Binnenland erreichen in den Helpter Bergen Höhen bis 179 m. „In Mecklenburg sagt man dazu ‚Bäge'", wusste Uwe Johnson.
Das gibt der Landschaft die bewegte Weitläufigkeit, die neben eiszeitlichen Hinterlassenschaften und Zeugnissen der Geschichte zum besonderen Reiz Mecklenburgs beiträgt. Das Land bietet Natur und Kultur aus weit über 10.000 Jahren – aber zurückhaltend, wie die Menschen hier sind. Am besten ist das (rad)wandernd zu erleben. Dann erst erschließen sich die Details und sichtbaren Spuren.

Westmecklenburg

Diese Region ist gut geografisch zu fassen. Nach Westen bildet seit etwa 1.000 Jahren die Elbe und in der Verlängerung nach Norden die Schaalsee-Region die politische Grenze bis zur Lübecker Bucht und die Ostsee. Die Landschaft ist ein Resultat der letzten Eiszeit vor etwa 10.000 Jahren. Geologisch ist sie im Süden durch das flache Land – die „Griese Gegend“ – und im Norden durch die Hügel der Baltischen Hauptendmoräne geprägt. Das historisch Besondere ist hier die Wiege Mecklenburgs. Die Burg, für die 995 die erste schriftliche Erwähnung nachweisbar ist, existiert noch als slawischer Burgwall in Dorf Mecklenburg – daher der Name. Historisch eint die Region, dass sie zu Mecklenburg-Schwerin gehörte, und dass hier die wichtigsten Residenzen dieses Landesteils, Ludwigslust und Schwerin liegen. Historisch korrekt ist eine kleine Einschränkung: Die Gegend um Schönberg gehörte seit 1154 zum Bistum und später Fürstentum Ratzeburg, seit 1648 zum Herzogtum Mecklenburg-Schwerin und seit 1701 bis 1933, bis zur Zwangsvereinigung der beiden

Landesteile, zu Mecklenburg-Strelitz. Ansonsten sind in dieser Region unbedingt noch die Städte Dömitz, Boizenburg, Hagenow, Grabow, Gadebusch, Grevesmühlen, und natürlich Parchim als alte Vorderstadt zu nennen.

Malzfabrik Grevesmühlen (heute Kreisverwaltung)

Sie alle besitzen eine sehr gute bauliche Überlieferung, da der Zweite Weltkrieg hier mit der Besetzung durch Engländer, Amerikaner und Kanadier endete. Das führte nicht zu einem sinnlosen Widerstand, wie er gegen die Rote Armee anzutreffen war und verhalf Menschen und Gebäuden zum Überleben.

Hühnenbetten und ein „Teufelsbackofen" im Everstorfer Forst

Die Grabanlagen im Everstorfer Forst bei Grevesmühlen mit den riesigen kunstvoll aufgebauten Granitsteinen gehören zu den ältesten Spuren menschliche Besiedlung in Mecklenburg. Diese „Architektur" ist über 6.000 Jahre alt. An keiner anderen Stelle in Mecklenburg tritt sie noch so gehäuft auf. Allerdings gab es schon weit vor dem Bau dieser Anlagen „Wildbeuter". Diese Spuren von Menschen machen das Gebiet zu etwas Besonderem und würdig für einen archäologischen Lehrpfad. Der lehrt, was Megalithgräber mit der Trichterbecherkultur zu tun haben, Dolmen von Hühnenbetten unterscheidet und was sie verbindet. Schließlich wird gelehrt, wie das technisch geleistet werden konnte.

Es ist ein kleines Fenster zum Blick in die Steinzeit. Die Lektüre entzaubert zwar die mystische Situation, aber sie relativiert auch. Die Nadelbäume, die das Sonnenlicht nur gefiltert durch ihre Zweige lassen, sind gegen die Jahrtausende alten Gräber nur junges Gemüse. Damals standen hier vielleicht Eichen- und Buchenwälder. Die Rituale, die zur Beisetzung gehörten, sind nicht überliefert.

„Teufelsbackofen" im Everstorfer Forst

Vielleicht wurde getanzt und gesungen, vielleicht nur gemurmelt, oder war es ganz still, und nur die schlurfenden Schritte raschelten? Noch andere Phantasien werden möglich bei der Bezeichnung „Hühnengräber“ der über 20 Meter langen Steineinfassungen oder dem „Teufelsbackofen“. Auch heute noch gibt es Menschen, die an diesen Orten ungewöhnliche „Kraftfelder“ spüren. Die Menschen der Bronzezeit haben um 500 n. Chr. diese Region verlassen. Die Gründe sind unklar.

Slawisches Leben in Groß Raden

Von Osten wanderten um 500 n. Chr. Slawen in das weitgehend entvölkerte Gebiet. Insgesamt waren es etwa 700 Jahre, in denen die Stämme frei nach ihren Ritualen und eigenen ethnisch-religiösen Vorstellungen verstreut siedelten. Gelebt haben sie in Stammesgruppen an landschaftlich günstigen Punkten. Hügel in Sumpfgebieten, Inseln in Seen oder der Zusammenlauf von Flüssen boten Schutz und Nahrung zugleich. Acker-, Weide- und Siedlungsland wurde gerodet. Neben den Siedlungen entstanden Fluchtburgen mit

Brücken, hohen Wällen und Palisadenzäunen. Die Behausungen der Menschen waren einfache Hütten mit Wänden aus Weidengeflecht und Lehmbewurf in runder Dorfform. Kultisches Zentrum des Stammes bildete eine größere Halle.

Eine solche Anlage ist in Groß Raden bei Sternberg nach archäologischen Funden am Originalplatz rekonstruiert worden. Hier wird die Zeit um

Groß Raden, rekonstruierte Hauptburg mit Zugangsbrücke.

etwa 1.000 Jahre zurückgedreht. Anschaulich kann in den Hütten, am Backofen, im Tempel oder in Werkstätten das Leben studiert werden. Die Brücke über den See zum Burgwall mit seinem Tor und dem Palisadenzaun geben einen Eindruck von der Fertigkeit slawischer Handwerker.
Ihre Sprache war den heutigen in Osteuropa sehr verwandt, wie Ortsnamen belegen. So heißt etwa Stargard: Alte Burg. Auch alle Orte mit -ow am Ende deuten auf slawische Besiedlung. Seit dem Ende des Dreißigjährigen Krieges ist diese Volksgruppe nicht mehr nachweisbar. Geblieben sind Ortsnamen, Sagen und die Ergebnisse archäologischer Forschungen, die im Museum Groß Raden zu sehen sind.

Vom Klützer Winkel

Die Landschaft ist ein Ergebnis der letzten Eiszeit, die als „Baltische Hauptendmoräne" hier zum Stillstand kam. Das ist etwa 10.000 bis 20.000 Jahre her. Geblieben sind Moore wie das Pohnstorfer Moor, der Moorer Busch oder einfach das Dorf Moor. An anderer Stelle wurde Granitgeröll und

Sand aufgetürmt. Etwa zehn Kilometer landeinwärts zieht sich dieser Streifen an der Küste entlang. Das führte schon 1894 in einer amtlichen Schrift zur Begeisterung: „Besonders anziehend ist das 70–80 m hohe, aber rasch zu 60–40 m abfallende Gebiet zwischen Hohen Schönberg, Kalkhorst, Rankendorf, Goldbeck in einer Breite von etwa 6 km, es ist die eigentliche Moränenlandschaft. Die zahllosen Sölle, Kessel und Schluchten, sowie größere Torfmoore, die massenhaften großen Steine auf dem Boden (in Kalkhorst gibt es

Blick auf Neuenhagen von Westen

Blöcke von 6 m^3 Größe), die prächtigen Buchenwaldungen verleihen dem Lande den Reiz einer Gebirgslandschaft." Die Gipfel heißen „Schipmannsberg", „Hoher Schönberg" – mit 90 Metern die höchste Erhebung der Region – oder einfach „Mühlenberg". Am Ostseeufer ist die eiszeitliche Erdbewegung an dem etwa 30 Meter hohen Kliff von Klein- und Großklützhöved ablesbar.

An die ersten Siedler in der einst trostlosen Wildnis erinnert bei Stellshagen ein steinzeitliches Kegelgrab auf dem Eichsberg. Auch die slawischen Obodriten, die vor etwa 1.500 Jahren siedelten, schufen bleibende Erinnerungen. Wälle sind bei

Kühlenstein nördlich von Groß Walmsdorf und südlich von Wohlenberg sichtbar.

Dann bildeten sich langsam Landesgrenzen heraus. Deutsche Siedler kamen aus Westen und bauten auf künstlichen Hügeln feste Wohntürme. Um die Hügel wurde ein Wassergraben gezogen. Das ist in Arpshagen bei Klütz mit einem Steinwall als „Plessenburg" erhalten. Der Name erinnert an ein Uradelsgeschlecht Mecklenburgs. Auch bei Groß Voigtshagen oder als „Schlossberg"

Eingang zur „Plessenburg" in Arpshagen

bei Feldhusen sind diese „Motten“ überliefert. Damit verbunden war die Christianisierung der „heidnischen“ Obodriten. Friedlich verlief diese Missionierung selten.

Aus der Zeit stammt der Name „Klützer Winkel“. Die Gegend zwischen Ratzeburg und der Wismarbucht wurde erstmals 1188 als „silva cliuz“ überliefert – der „Wald Klütz“. Das Land gehörte den Herren von Mecklenburg. Geistlicher Oberhirte war der Ratzeburger Bischof, an den bis zur Reformation 1549 die Kirchensteuer – der Zehnt – gezahlt wurde. Tributpflichtig an alle waren die Bauern. Das Holz des Waldes gehörte aber den Lübeckern. Da war Streit programmiert.

In einer alten Beschreibung heißt es: „Nachdem der Wald Klütz verschwunden war, nannte man die ganze Gegend nach dem Flecken Klütz den Klützer Ort, wo Ort so viel heißen will als Ecke, Spitze, Winkel zwischen dem Wismarschen Meerbusen und dem Dassowschen Binnensee“, eingeschlossen die Stadt Grevesmühlen. In früherer Zeit erklärten die Menschen den Klützer Winkel: „so weit, wie man den Klützer Kirchturm sehen kann.“ So ist der Winkel eher eine Glaubenssache.

Die „Küstenroute der Backsteingotik“ erfasst die mittelalterlichen Kirchen mit frühen romanischen Stilelementen von Schönberg, Dassow, Kalkhorst, Elmenhorst, Klütz, Hohenkirchen und Proseken. Sie eint auch ihre Ersterwähnung 1230 im Ratzeburger Zehntregister.

Hier finden sich die besten Bodenwertzahlen Mecklenburgs. Die mitunter auch verwendete Bezeichnung „Speckwinkel“ ist durchaus im Sinne von Wohlstand gemeint.

Gestühlswange in der Kirche Kalkhorst

Festspiele auf Schloss Bothmer 2011

Das mag Reichsgraf Hans Capar von Bothmer 1721 in London bewogen haben, einen zusammenhängenden Komplex zu erwerben. Aus England kannte der Graf die romantisch-idealistischen Sicht- und Beziehungsachsen in der Landschaft. Englische und holländische Vorbilder ließ sein Baumeister Johann Friedrich Künnecke in den repräsentativen Schlossbau einfließen. 1732 war die dreiflügelige Anlage vollendet. Über 200 Jahre üb-

ten die Grafen das Majorat aus. Schloss Bothmer wurde nach 1945 Krankenhaus und Altenheim. Seit 2015 ist es Museum und Kulturzentrum.
Ende des Zweiten Weltkrieges erreichten amerikanische, britische und kanadische Truppen den Klützer Winkel. Sie trafen sich in Wismar mit der Roten Armee. Bis zum 3. Juli 1945 waren Schönberg, Dassow, Grevesmühlen, Klütz und die umliegenden Dörfer britisch besetzt. Es gab keine Zerstörungen.
Doch ein anderes Drama prägt bis heute die Erinnerung. Am 3. Mai 1945 trieb die SS über 7.000 KZ-Häftlinge in der Lübecker Bucht auf die manövrierunfähigen Dampfer „Cap Arcona" und „Thielbek". Britische Flieger hielten die Schiffe für Truppentransporter und schossen sie in Brand. 6.400 Menschen starben. Leichen trieben bis in die Wismarbucht. Etwa 400 Tote erhielten zunächst bei Groß Schwansee ein Grab. 1955 wurden sie wegen des „Grenzregimes" der DDR nach Grevesmühlen umgebettet. Dort ist heute eine Gedenkstätte.
Das „Uwe-Johnson-Literaturhaus" in Klütz hält eine andere Erinnerung wach. Inhaltliche Be-

züge gibt es zu Johnsons Texten, besonders im Roman „Jahrestage. Aus dem Leben von Gesine Cresspahl". Für seine fiktive Stadt Jerichow ließ er sich reale mecklenburgische Kleinstädte beschreiben, darunter Klütz.

Uwe-Johnson-Haus, Klütz 2009

Die Lage der Festung könnte verraten, dass der Feind aus Westen über die Elbe nach Mecklenburg kommen wollte. Tatsächlich entstand die Vorgängerburg als Rundling aber unter westlich liegender sächsischer oder mitteldeutscher Herrschaft und fiel erst Ende des 14. Jahrhunderts an Mecklenburg. Die Grundform des Pentagons entstand ab 1557 dann allerdings zur Abwehr Richtung Westen nach Plänen des italienischen Festungsbaumeisters Francesco a Bornau. Er war mit seinem Sohn und weiteren Spezialisten angeheuert worden, das moderne Bauwerk zu verfertigen. Ziel war ein ausgeklügeltes System von Mauern, das ein freies Schussfeld für Kanonen nach allen Richtungen hin bot. Die polygonalen Bastionen auf allen fünf Ecken erhielten die schönen Namen „Cavalier", „Held", „Drache", „Greif" und „Burg". Darunter verlaufen Kasematten. Hinter diesen Backsteinmauern hatten Soldaten Unterkunft zu finden, wobei Gemütlichkeit nicht im Vordergrund stand. Außerdem musste die Versorgung der Truppen in den Kasematten gelagert werden. Nach dem Dreißigjährigen Krieg war der ursprüngliche Zweck der Festung überflüssig. 1705 begann die Nutzung als „Irrenhaus“ und Gefängnis.

Historischer Grundriss der Festung Dömitz

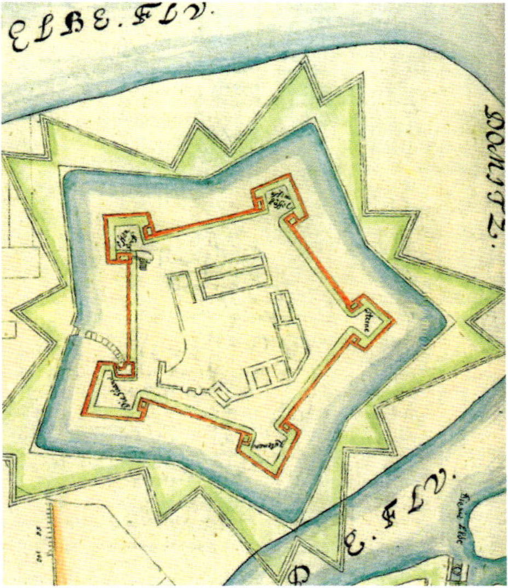

Heute betritt man das Innere durch ein Renaissanceportal aus sächsischem Sandstein an der Südseite der Bastion „Cavalier". Der Damm dorthin ist ein Bauwerk von 1888. Bis dahin führte eine Brücke in die Festung, über die auch noch Fritz Reuter gehen musste, als er seine Haftzeit 1839/40 hier zu Ende verbüßte. Der Tochter des Kommandanten machte er schöne Augen, und dem alten Herrn selbst erzählte er schnurrige Geschichten, die heute im Museum nachvollziehbar sind.

Ludwigslust – eine Lust als Residenz

Eigentlich hieß das Dorf Klenow. Doch das war für eine fürstliche Residenz zu dörflich. Deshalb verfügte Herzog Friedrich 1764 die Benennung nach seinem Vater – Ludwigslust. Eine Lust ist der Ort für die Augen, die das kompakte Schloss in seiner Gestalt zwischen Barock und Klassizismus nach Details abtasten können. Für 40 Wissenschaften, Künste und Tugenden auf der Attika benötigt man aber schon eine Sehhilfe, um die Bedeutung der Figuren des Bildhauers Rudolf Kaplunger zu erkennen. Auf den südlichen Ecken des Mittelrisalits ist auf der einen Seite eine Sonnenuhr als „himmlische" Zeit und auf der anderen eine mechanische Uhr als „künstliche" Zeit aufgestellt. Ein „Goldener Saal" und Räume mit wertvollem Interieur sind museal aufbereitet.

Eine Lust aller Sinne ist der englische Park, der auf 135 Hektar langsam und teils kaum merklich in die gewachsene Landschaft übergeht. Das jetzige Bild ist das Werk des preußischen Gartengestalters Joseph Peter Lenné aus der Mitte des 19. Jahrhun-

Audienzzimmer im Schloss Ludwigslust

Schloss Ludwigslust von Süden

derts. Er ließ barocke Alleen, Kanäle, Brücken und Kaskaden erhalten, um im erweiterten Park seinen Traum von gestalteter Natur zu entwickeln. Oft tauchen zwischen Bäumen und Büschen Gebäude auf: Mausoleen, künstliche Ruinen, ein Schweizer Haus. Architekturavantgarde zeigte vor 200 Jahren die kleine katholische Kirche in neogotischer Gestaltung. Zwischen 1803 und 1809 (also weit vor Schinkels Bauten) setzte der „Baucondukteur" Heinrich von Seydewitz das Gebäude in den Park.

Eine Burg mit Turm, Mauern und „Rittersaal" mitten im Flachland von Mecklenburg – das ist eigentlich unvorstellbar. Doch sie existiert, ist saniert, beherbergt ein Museum, und vom Burgturm, der einst den Burgherren als Wohnung diente, bietet sich eine wunderbare Aussicht über

Burg Neustadt-Glewe von Osten

das weite Land und die Elde. Das brauchten die Vögte, die hier seit dem 12. Jahrhundert saßen, um möglichst früh nahende Feinde zu erkennen. In der ehemaligen Grenzregion zu Brandenburg war das nötig. Die Burg Neustadt-Glewe an der Elde ist eine der wenigen Wehrbauten, die erhalten blieb. So, wie sie sich heute in ihrem Ziegelrot ankommenden Besuchern zeigt, mit den wunderbaren Wandmalereien im „neuen Haus" und dem Wohnturm, oben mit großen „Vorhangfenstern" im Geschmack der Renaissance, ist sie aber erst im 15. und zum Beginn des 16. Jh. ausgebaut worden.

Auch Wallenstein besichtigte die Burg, hatte aber mehr Interesse an der Eisenproduktion vor Ort zur Herstellung von Kanonenkugeln.

Zar Peter I. sah den Bau, war aber wohl auch wenig beeindruckt.

Wasserkunst auf dem Markt in Wismar mit dem gotischen Giebelhaus „Alter Schwede" im Hintergrund.

Die altehrwürdige Hansestadt mit der schönen Ehrung als UNESCO-Welterbe kokettiert gern mit der schwedischen Vergangenheit. 250 Jahre war sie seit 1648 südlicher Brückenkopf der damaligen Ostseemacht unter dem Zeichen der drei Kronen. Das wird heute wieder gern gezeigt. Schwedenfest, Schwedenmahl und Schwedenköpfe sind ritualisierte Erinnerung. Die großen Köpfe als

grimmige Schnauzbartträger mit Raubtierkappen waren wohl ursprünglich die Zier von Schiffsrümpfen und haben in den letzten Jahren eine kunstvolle Vermehrung als Wahrzeichen der Stadt erfahren. Falsch ist nur der „Alte Schwede“, denn als das gotische Backsteinhaus am größten Markt Norddeutschlands erbaut wurde, waren Mecklenburger und hanseatische Kaufleute hier noch die Herrscher, und als das Haus 1878 die Bezeichnung erhielt, war es eigentlich schon wieder vorbei mit der Schwedenherrlichkeit.

Die schwedischste Erinnerung in Wismar ist das Zeughaus – ein wuchtiger Bau am Rande der Altstadt mit Blick zum Hafen, in dem die Schweden ihr wichtigstes Besatzungswerkzeug, die Waffen, aufbewahrten. Bei der Restaurierung des Wappens mit den schwedischen „Tre Kroners“ im Giebel über dem Eingang beteiligte sich dann auch das Königshaus der Bernadotte mit 80.000 Schwedenkronen. Der Wertewandel der ehemaligen Trutzburg kann nicht schöner sein, denn nach der Sanierung seit 1993 beherbergt das Gebäude die städtische Bibliothek – Bücher versus Kanonen, Wissen und Kultur gegen Gewalt.

Schwerin und sein Schloss

„Schönster Landtag Deutschlands" ist die beliebteste Werbeformel für das Schweriner Schloss, das seine jetzige Gestalt vor 150 Jahren erhielt. Wer von der Stadtseite über die Steinbrücke kommt, erkennt vielleicht Chambord, und tatsächlich hat das berühmte Schloss in der Nähe der Loire Pate gestanden.

Nur der Urvater des mecklenburgischen Fürstenhauses, Niklot, auf seinem Pferd stadteinwärts reitend, ist eine einheimische Zutat. Er symbolisiert die 800-jährige Geschichte des Hauses Mecklenburg. Bunte Vielfalt der Stile bietet das Schloss von der Burggartenseite mit Rudimenten der Renaissance, mit Terrakotten aus der Werkstatt des Statius von Düren, der neugotischen Schlosskirche, den Zwiebeltürmen oder den Grotten und

Schloss Schwerin von Westen

der Orangerie. Da das Schloss auf einer Insel im Schweriner See steht, ist der Blick darauf unverbaubar.

Das Gebäude hat maßgeblich dazu beigetragen, dass die Hauptstadtdebatte in Mecklenburg-Vorpommern 1990 zugunsten von Schwerin entschieden wurde. Hier sind seit 1990 vier Ministerpräsidenten vereidigt worden und 2017 mit Manuela Schwesig (SPD) die erste Frau in diesem Amt. Das alles kann man wissen, aber kaum sehen.

Zu sehen ist dagegen das Schlossmuseum mit seinen fürstlichen Repräsentationsräumen oder die Ahnengalerie mit den lebensgroßen, finster und ernst aus Goldrahmen blickenden einstigen Regenten und ihren Gattinnen.

Das weitläufige Schlossareal mit dem Alten Garten, den Regierungsgebäuden vom Reißbrett Georg Adolf Demmlers, dem Mecklenburgischen Staatstheater, dem Staatlichen Museum und natürlich dem Schlosspark soll die UNESCO zur Verleihung des schönen Titels „Welterbe“ motivieren. Verdient hätte es das Ensemble.

Sternberg und seine Bedeutung über die Stadtgrenzen hinaus

Die Kleinstadt mitten in Mecklenburg liegt eingebettet in die sanften Höhenzüge der Endmoränen. Ein malerischer See, eine Stadtmauer und eine scheinbar viel zu groß geratene Kirche sind die optischen Auffälligkeiten der Kommune, die sich schon über 750 Jahre „Stadt“ nennen darf. Auf den ersten Blick ist nicht zu erkennen, dass von hier über Jahrhunderte die Landesgeschichte bestimmt wurde. Einmal im Jahr trafen sich in Sternberg die Mächtigen – die Fürsten, die Ritterschaft und die Bürgermeister größerer Städte – die Landstände, um vor allem über Geld zu sprechen. Hauptthema waren Steuern, und wie heute, wurde darüber gestritten.

Von Interesse war das aber nur innerhalb der Landesgrenzen. Doch es verhalf Sternberg zu der großen Kirche, die nicht nur Gotteshaus, sondern seit Mitte des 19. Jahrhunderts auch Tagungsort war. Die Kirche beherbergt aber noch ein Zeugnis, das die Stadt Ende des 15. Jahrhunderts zu trauriger und sogar europäischer Bekanntheit führte. Wie zuvor bereits in anderen Städten wurden Juden hier 1492 der sogenannten „Hostienschändung“ bezichtigt und nach einem „Geständnis“ 27 von ihnen auf dem Scheiterhaufen verbrannt. Darüber sprach man damals auch in Wien, Basel, Prag oder Rom. Die Tischplatte, die als Unterlage für diese Tat gedient haben soll, ist in der Kirche überliefert. In Reliefbuchstaben ist darauf die Geschichte eingeschnitten. Alle Juden wurden nach diesem Ereignis aus Mecklenburg ausgewiesen. Erst etwa 300 Jahre später bekamen sie hier wieder Bleiberecht. Die angeblich geschändeten Hostien entwickelten sich zum Riesengeschäft für Sternberg. Die Kirche baute dafür nach 1492 die Heilig-Bluts-Kapelle. Pilger kamen in Scharen, um gegen ein Geldopfer Sühne oder Heilung zu erfahren. Luther wetterte dagegen. Die Kirche ist heute in ihrer Backsteingröße auch ein Mahnmal gegen religiösen Fanatismus.

Stadtmauer von Sternberg
mit dem Turm der Pfarrkirche St. Georgen

Mittleres Mecklenburg

Diese Bezeichnung ist nicht politisch überliefert. Historisch geografisch handelt es sich um den östlichen Landesteil von Mecklenburg-Schwerin, bzw. zeitlich davor um den westlichen Landesteil von Mecklenburg-Güstrow. 1701 erfolgte die Gründung des Landes Mecklenburg-Strelitz mit erheblichen Gebietsveränderungen. Gewinner waren die Schweriner Herzöge. Sie erhielten das ganze Land zwischen Rostock, Güstrow und Stavenhagen hinzu – damit auch das hier gemeinte mittlere Mecklenburg. Es besteht überwiegend aus den alten Herrschaften (so nannten sich die Ge-

Herzog Ulrich III. von Mecklenburg-Güstrow (1527–1603)

biete) Rostock, Werle-Güstrow und Werle-Waren. Um die Verwirrung aber komplett zu machen, bezeichneten sich die Herzöge (seit 1815 Großherzöge) in ihrem offiziellen Titel völlig identisch und führten auch identische Wappen. Sie nannten sich „Herzog von Mecklenburg, Fürst zu Wenden, Schwerin und Ratzeburg, auch Graf zu Schwerin, der Lande Rostock und Stargard Herr". Das resultiert aus der sogenannten „Landständischen Union", die seit 1523 die Einheit der verschiedenen Landesteile in Fragen der Kirchenverwaltung und der ständischen Landtage festlegte. Das blieb so bis 1918, bis zur Ausrufung der Weimarer Republik. Dann entstanden die Freistaaten Mecklenburg-Schwerin und Mecklenburg-Strelitz, die schließlich erst durch die Nationalsozialisten im Oktober 1933 zwangsvereinigt wurden, um politisch einen „Gau Mecklenburg-Lübeck" zu bilden.

Dargun – Kloster und Residenz

Warum die Zisterziensermönche sich 1172 auf den Weg vom dänischen Esrom ausgerechnet nach Dargun machten, liegt im Dunkel der Geschichte. Erst recht wissen wir nicht, was die Mönche in ihren weißen Gewändern auf diesem Weg durch Wald und Gestrüpp dachten. Wir wissen auch nicht, ob sie zu Fuß oder mit Ochsengespannen, Pferd und Wagen, beladen mit Werkzeug, ein wenig Küchenkram, Schreibutensilien, liturgischem Gerät und einer Bibel, sich auf den Weg machten. Die ersten, vermutlich bescheidenen Bauten, wurden schon 20 Jahre später von den dort lebenden Slawen zerstört. Die Mönche wanderten nach Greifswald und gründeten das Kloster Hilda-Eldena (dessen Ruine Caspar David Friedrich zu Weltruhm verhalf). Das Land um Dargun

Schloss und Kloster Dargun im Jahr 2016

gehörte aber weiterhin den Zisterziensern. Fürst Kasimir von Pommern und Bischof Sigwin von Cammin wollten dort wieder ein Kloster. Deshalb wanderten 1209 erneut Zisterziensermönche aus Doberan an den Ort, der in der Zwischenzeit zu einer „Höhle für wilde Tiere und Räuber" geworden war, um das Werk noch einmal in Angriff zu nehmen. Das prächtige Doberaner Münster stand damals noch nicht. Vielleicht machte ihnen das den Abschied leichter. „Ora et labora" war ihr Leitspruch – „Bete und arbeite". Es gab viel zu tun. Erfolge stellten sich ein. Die slawische Bevölkerung musste die neuen deutschsprachigen Herren akzeptieren. Das Kloster Dargun wurde vermögend. Esrom und Doberan begannen einen Streit

um die „Tochter". An der höchsten Instanz der Zisterzienser, in Citeaux, wurde 1258 für Doberan votiert. Die weltliche Macht übten nun die Mecklenburger aus. Da die Zeiten nun ruhiger waren, konnten die Mönche ihren Kirchenbau um 1270 beenden. Bis in das 15. Jahrhundert bauten sie an ihrem Konvent.

1552 enteigneten die mecklenburgischen Herzöge im Zuge der Reformation das Kloster. Weil der Platz so schön war, ließ Herzog Ulrich von Mecklenburg-Güstrow das Kloster zu einer Nebenresidenz als Schloss umbauen.

1720 zog die streng pietistische Herzogin Auguste zu Mecklenburg mit ihrem Hofstaat von 150 Personen ein und lebte dort bis 1756. 1945 stand alles in Flammen. Heute sind die baulichen Reste gesichert und lassen sowohl die gewaltigen Dimensionen des Klosters wie auch die Pracht des Renaissanceschlosses ahnen. Der Park atmet wieder herrschaftlichen Charakter. Es ist ein Ort der Nachdenklichkeit geworden – der Nachdenklichkeit über weltliche Macht, Zisterzienserbaukunst, Glaube und Zerstörung.

Heiligendamm – ältestes Seebad auf dem Kontinent

Die „weiße Stadt am Meer" ist über 200 Jahre alt. Es war so: Friedrich Franz I., Herzog von Mecklenburg-Schwerin, stieg in die Ostsee. Sein Gefolge (das männliche) musste mit. Das erste deutsche Seebad war gegründet – am Heiligen Damm in Mecklenburg. Das ist die Kurzfassung für die Entstehung des Bades 1793. Bei aller Kürze

„Die Burg" in Heiligendamm von Westen, um 1865

muss hinzugefügt werden, dass ohne die medizinisch lenkende Hand des Leibmedicus Prof. Dr. Gottlieb Samuel Vogel und ohne die Architektenleistung eines Karl Theodor Severin alles Episode geblieben wäre. Erst die Gebäude und die therapeutische Betreuung machten das Bad zu einem Anziehungspunkt für zahlende Gäste. Die kamen in den folgenden Jahrzehnten zwischen Juni und September und blieben mit der Gesamtzahl von etwa 1.000 bis 2.000 pro Saison überschaubar. Der europäische Hochadel gab sich die Klinke in die Hand. Aber auch gut betuchte bürgerliche Kreise verkehrten gern in der aufgeschlossenen Atmosphäre, die Friedrich Franz in seiner Sommerresidenz so sehr schätzte. Zentrum des geselligen Lebens wurde Doberan. Dort entstand um den Kamp des kleinen Marktfleckens neben dem früheren Zisterzienserkloster ein einzigartiges klassizistisches Ensemble aus der Hand von Severin mit allen „notwendigen“ Gebäuden, wie Palais, Speisesaal und Spielbank, Gästehaus, Theater und Boutiquen.

Erst nach 1840 wurde der Wunsch wach, sich auch ständig am Heiligen Damm aufhalten zu wollen.

Die Nobilitäten brauchten aber geeignete Unterkünfte. Großherzog Paul Friedrich gab deshalb den Anstoß zum weiteren Ausbau und seinem Hofbaumeister Georg Adolf Demmler den Auftrag dazu. Die „Burg" und die fürstlichen Cottages entstanden. Im Laufe von etwa 80 Jahren wuchs sich ein Ensemble aus den Federn von vielleicht zehn Architekten zu einem homogenen Gesamtbild zusammen, weil sich alle an der klassizistischen Grundidee von Severin orientierten

Güstrow – Klein Paris

Die Stadt an dem Flüsschen Nebel, hat von Lokalpatrioten verschiedene Beinamen, wie „Herz Mecklenburgs" oder „Klein Paris" erhalten. Der Pulsschlag wurde aber von Güstrow selten bestimmt, und in Paris wird man die kleine Schwester kaum kennen. Trotzdem hat die europäische wie die nationale Geschichte sie von Zeit zu Zeit kräftig gerüttelt.

Durch das Güstrower Schloss wehte der Hauch europäischer Geschichte. 1628 im zehnten Jahr des Dreißigjährigen Krieges zog hier Albrecht von Wallenstein als Herzog von Mecklenburg mit großem Gepränge ein. In seiner Begleitung befanden sich Octavio Piccolomini und Graf Terzky. Mit weltmännischem und feldherrischem Weitblick ging Wallenstein an den Ausbau seines, ihm vom Kaiser in Wien verliehenen Landes.

Der Güstrower Hof wurde ein Zentrum europäischer Politik. Es ging Wallenstein aber nicht um das schöne Schloss. Für den Fürsten war Mecklenburg der Weg zur Ostsee und nach Skandinavien.

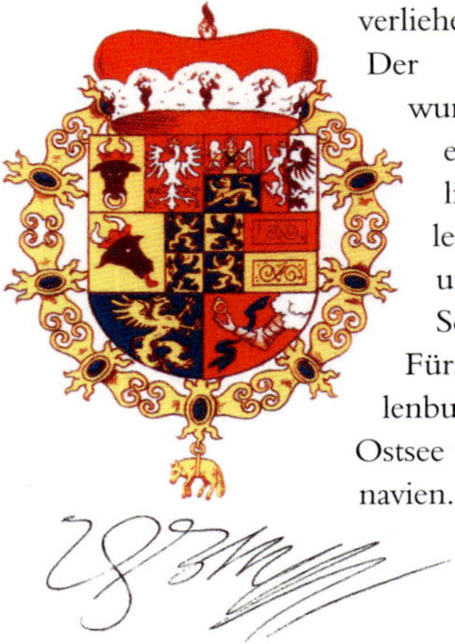

Wappen Albrecht von Wallensteins, Herzog zu Mecklenburg und Friedland mit seinem Autograph 1630

Ernst Barlach, „Der Schwebende“ im Dom zu Güstrow

Deshalb legte er sich den schmückenden Titel „General des ozeanischen Meeres“ zu. Doch die Episode blieb kurz. Im März 1631 wurde das Schloss heimlich wieder geräumt. Wallenstein war bereits fern und starb einen Tod durch Mörderhand im böhmischen Eger. Geblieben sind das Schloss und Legenden von goldenen Tellern und höfischer Pracht.

Dass Güstrow heute über die Landesgrenzen bekannt ist, hat die Stadt eher einem Mann zu verdanken, der sich vierzigjährig hier niederließ, um sein Lebenswerk zu schaffen. Ernst Barlach hatten die Türme der Stadt schon 1908 „mit der Gebärde alter Bauten" gewinkt. Hier fand er ab 1910 nach langem Suchen, nach einer Unzahl von Skizzen und Entwürfen die endgültigen Formen für seine Skulpturen und besonders für seine Gefallenenmale voll introvertierter Trauer.

Das den Nationalsozialisten fehlende „Heldische" ließ sie all diese Denkmale entfernen oder vernichten. Im Dom, in der Güstrower Gertrudenkapelle und im Atelierhaus am Heidberg sind seine

---

Schloss Güstrow

Arbeiten heute wieder in großer Zahl zu sehen. Die Kommune schmückt sich seit 2006 offiziell mit seinem Namen als „Barlachstadt Güstrow".

Plau am See – Stadt unter Dampf

In dem kleinen Städtchen war er vielleicht nicht am Ziel seiner Wünsche, aber er war am Ende seiner aufregenden Lebensreise. Ernst Alban, einer der innovativsten Köpfe des 19. Jahrhunderts in Mecklenburg, hat sich auf dieser Reise viele Beulen geholt. Eigentlich war er ein erfolgreicher junger Augenarzt in Rostock. Doch dann meinte er, dass Dampfmaschinen viel interessanter seien. Er konstruierte und bastelte. Mit 34 Jahren ging er 1825 nach England, lernte, experimentierte und baute Hochdruckdampfmaschinen. Doch der Erfolg blieb aus. Zurück in Mecklenburg erhielt er eine großherzogliche Sondergenehmigung zum Bau von Maschinen. Landwirtschaftliche Geräte sicherten ihm ein Überleben. Missgunst, Unverständnis und Ideenklau ließen ihn schließlich 1837 das Bündnis mit einem Güstrower Fabrikanten wagen. Wieder entstanden Dampfmaschinen

– und wieder gab es Krach. Sein Güstrower Partner blieb konservativ. Es folgte die Trennung. 1841 lockte ihn endlich Plau am See. Die Stadt versprach Hilfe und hielt Wort. Sein wirtschaftlicher Erfolg blieben weiterhin Landmaschinen. Doch auch Balkonbrüstungen, Feuerspritzen, Wagenachsen oder Grabkreuze waren im Angebot.
Sein eigenes Grabmal, 1856 errichtet, ist ebenfalls aus Eisen. Alban blieb Zeit seines Lebens ein sensibler, immer um Anerkennung ringender Idealist mit einem Sendungsbewusstsein für die Industrialisierung als Fortschrittsideal schlechthin. Die Plauer in ihrer Seenidylle sind stolz auf ihn.

Ulrichshusen – eine klingende Burg

Sind es nun Gutshäuser, Herrenhäuser oder Schlösser, die in ihrer repräsentativen Beschaulichkeit oder Überheblichkeit in der Landschaft von Mecklenburg stehen? Für den Landarbeiter auf dem Gut lebten seine „Herrschaften" immer im Schloss – egal, ob es eine kleine Bruchbude oder ein mehrgeschossiger Prunkbau mit Seitenflügeln war. Auch Guts- oder Schlossparks sind kein zwingendes Indiz für die eine oder andere Zuordnung. Einige der Schönsten finden sich dicht „gedrängt" zwischen Teterow und Waren in den Ausläufern der Mecklenburgischen Schweiz. Burg Schlitz, Schorssow, Basedow oder Ulrichshusen heißen die Dörfer mit den herrschaftlichen Sitzen und weitläufigen Parks vergangener Tage. Jedes ist für sich ein Erlebnis.

Doch über die Landesgrenzen hinaus hat sich kein Landsitz in den letzten Jahren so einen Namen

Schloss Ulrichshusen

machen können, wie Ulrichshusen. Das liegt nicht nur an der traumhaften Lage auf einer Burginsel mit Wassergraben und unverbauter Landschaft ringsherum, gestaltet von Peter Joseph Lenné. Es liegt nicht nur an der Renaissanceanmutung, die das Haus auch nach der baulichen Wiedererweckung aus dem Verfallsstadium einer Brandruine nach außen ausstrahlt. Es liegt vor allem an der Ausstrahlung als Ort der Künste, der Musik, dargeboten von Weltstars wie Kent Nagano oder einer noch unbekannten „jungen Elite". „Musikalisches Herz der Festspiele Mecklenburg-Vorpommern" nennt Freiherr Helmuth von Maltzahn selbstbewusst sein Schloss.

Stavenhagen und Fritz Reuter

Er wurde hier „buren un tagen" – geboren und aufgezogen: Fritz Reuter ist unstrittig der berühmteste Sohn der mecklenburgischen Kleinstadt. Vielleicht ist er sogar der berühmteste Mecklenburger. Der plattdeutsche Mundartschriftsteller und -dichter verbrachte in Stavenhagen seine Kindheit. „Die Straßen sind auf's beste gepflastert, und von

Ehemaliges Rathaus von Stavenhagen mit Fritz-Reuter-Denkmal, heute Fritz-Reuter-Literaturmuseum

den Thoren der Stadt aus gehen directe Chausseen nach Hamburg, Paris, Berlin und Sankt Petersburg. Es fehlt ihr nur, daß sie an der Ostsee belegen wäre, dann wäre sie eine Seestadt." – Stavenhagen als Nabel der Welt, oder zumindest Europas. So beschrieb es Reuter 1861. Das Zwinkern in seinem Auge ist aber immer mitzulesen. Die Stadt dankte ihm trotzdem mehrfach – posthum. Zuerst erhielt er ein Denkmal. Drei Tage feierten die Bürger 1911 das Werk des Bildhauers Wilhelm Wandschneider. Dann war das Bier alle. 1949 gab sich Stavenhagen den schmückenden Beinamen

„Reuterstadt“. 1960 zog in das alte Rathaus, das Geburtshaus Reuters, ein Museum ein, das heute als Fritz-Reuter-Literaturmuseum einen internationalen Ruf genießt. Seitdem reißen die Feiern nicht mehr ab: Reuterfestspiele, Reutertage, Reuter-Literaturpreis.
Die Stadt „reutert“ ohne Unterlass. Auch den von Reuter so geliebten Rotspon gibt es wieder – nun längst mit seinem Konterfei auf dem Etikett. Hotels, ein Schwimmbad oder ein Einkaufszentrum tragen heute in der Stadt seinen Namen – und tragen zu seiner bleibenden Bekanntheit bei.

Teterow als Mittelpunkt von Mecklenburg-Vorpommern

Sie sollen die Schildbürger Mecklenburgs sein, die Teterower. Doch sie gehen mit dieser Spötterei offensiv um und kokettieren gern mit den zahllosen Geschichten. Die Schönste haben sie bildhauerisch als Brunnen auf den Marktplatz gestellt: Die Teterower fingen einen kapitalen Hecht. Der sollte bis zum Schützenfest aufbewahrt werden und dann den Festschmaus bilden. Damit er frisch bleibe, setzten sie ihn in den See zurück. Clever, wie sie waren, die Teterower Fischer, hingen sie ihm ein Glöckchen um den Hals und machten am Bootsrand, wo er wieder in den Wellen entschwunden war, eine Kerbe. Man fand ihn nie wieder. Später wurde daraus ein Gedicht: „Weck

---

Postkarte vom Teterower Hechtbrunnen um 1930

Lüd sün klauk un weck, de sün dösig, un weck, de sün wat övernäsig. Lat er spijöken Kinnings lat, de Klock hett lürt, de Hekt is fat."

Der Spruch ist am Hechtbrunnen zu lesen und wird gern von Einheimischen übersetzt. Seit jüngerer Zeit ist das Glöckchen sogar in der 1991 geweihten Orgel in der Stadtkirche zu hören. Es erhielt einen eigenen Nebenzug. Einen Festumzug erlebt die Stadt jedes Jahr eine Woche vor Pfingsten zum „Hechtfest". Da werden sie lebendig – die Schelmengeschichten – vom Stadtbullen, der zum Grasen mit einem Strick um den Hals auf das Stadttor gezogen wurde, vom Riesenkürbis, der als Pferdeei identifiziert und vom Bürgermeister ausgebrütet wurde, von der Stadtkirche, die auf Rollen ein wenig versetzt wurde, und natürlich die Geschichte vom Hecht. Sie werden als Laienstücke aufgeführt.

Auch die Aktion des Bürgermeisters, der 1995 auf dem Marktplatz eine Platte einließ, die Teterow als den geografischen Mittelpunkt Mecklenburg-Vorpommerns kennzeichnet, zeigt, dass der Schalk in dem Städtchen immer wieder neue Geschichten findet oder erfindet.

Alt Schwerin entstand als Agrarhistorisches Museum 1963 zunächst als Außenstelle des Müritz-Museums Waren und wurde erst 1971 in eine eigenständige Einrichtung umgewandelt. Es wurde zum fachlich führenden Museum dieser Gruppe und „Konsultationsmuseum für Agrargeschichte der DDR“. Für Alt Schwerin hat sich nach 1990 die alte Konzeption, die ein ganzes Dorf zu einem Museum deklarierte, völlig verändert. Das Gutshaus von 1733 ist zu einem Heim für betreutes Wohnen ausgebaut worden. Die Dorfschule aus der DDR und die neuen Häuser der LPG-Bauern taugen nicht mehr als Aushängeschild für sozialistischen Wohlstand und Erfolg. Es entstand eine Dreiteiligkeit aus der alten Ausstellung in der Schnitterkaserne, den volkskundlichen Bereichen in den ehemaligen Tagelöhnerkaten mit der einmaligen LPG-Bauern-Wohnung, die 1961 komplett in situ übernommen wurde, und dem in den vergangenen Jahren stark ausgebauten Freilichtbereich an der Autobahn mit Mühle, Feldbahn, Schmiede usw.

Die fast vollständig erhaltene Ausstellung in der früheren Schnitterkaserne von 1989 ist bereits ein „Museum im Museum“ und ein Beispiel für ideologisch gefilterte Sicht auf die Geschichte. Die Kollektivierung der Landwirtschaft ist danach der „gesetzmäßige“ Abschluss des Wandels der Produktivkräfte auf dem Lande. Ritter und Leibeigene, Bauern und Knechte – die soziale Struktur auf dem Lande wird an ihren gegensätzlichen sozialen Gruppen fixiert. Exponate und Texte ordnen sich diesem Prinzip historisch-chronologisch unter. Der „Klassenkampf“ zwischen diesen Gruppen bildet den Mittelpunkt der Darstellung. Lebensweltliche Erscheinungen werden illustrierend verwendet. Entsprechend der politisch-ideologischen Vorgaben in der DDR war der Weg bis zu den Genossenschaften als „Sieg der sozialistischen Produktionsverhältnisse“ auf dem Lande zwingend darzustellen. Deshalb nimmt der Zeitraum nach 1945, mit der Bodenreform beginnend, den größten Raum ein. Zu den ritualisierten Darstellungen gehört auch die „Freundschaft zur Sowjetunion“. Gestalterisch und technisch spiegelt die Ausstellung den Stand zum Ende der 1980er-Jahre in der

DDR und war damals museal ein beispielhaftes Ergebnis.

Die erheblich erweiterte Ausstellung im Freilichtbereich mit den Themen Viehwirtschaft, Hoftechnik, Lagerung, Handwerk und Nebengewerbe hat ein neues Gebäude als Eingang mit Shop und Cafeteria, eine Bibliothek, ein Veranstaltungszentrum und Sanitäreinrichtungen erhalten. Das Ganze heißt „Agroneum". Blickfang bleibt die große Lokomobile. In Sichtweite steht eine Trag-

Flugzeughalle des Agroneums in Alt Schwerin

lufthalle, die in einem dreigeschossigen begehbaren Schwerlastregal ein Schaudepot aufgenommen hat und die unzureichende Depotsituation entlastet. Ein drittes neues Gebäude ist eine Ausstellungshalle für landwirtschaftliches Großgerät und Sonderausstellungen. Die Flugzeughalle zum Thema „Agrarflug“ wurde erweitert.

Ribnitz-Damgarten – eine Stadt in zwei Ländern

„Bernsteinstadt“ nennt sich Ribnitz-Damgarten heute selbstbewusst und programmatisch. Doch der Bernstein ist erst in jüngster Zeit für diese Kommune prägend geworden, die sich aus einem mecklenburgischen und einem pommerschen Teil zusammensetzt. Getrennt wird die Stadt durch die Recknitz. Vereint ist sie erst seit 1950. Wie alle wichtigen Abkommen zwischen den beiden Grenzorten wurde auch dieser Vertrag auf der Brücke beschlossen. Bernstein wurde aber in der

Inneres der Klosterkirche Ribnitz

Recknitz nie gefunden. Er hat sich schleichend in den Ortsnamen gedrängt. Am Anfang stand der „Fischlandschmuck“. Seit 1928 ist diese dekorative Form in der Kombination von Silber und Bernstein in Ribnitz produziert worden. Die ältesten Stücke sind bereits begehrte Sammelobjekte. Aus bescheidenen Anfängen wurde 1948 der verstaatlichte „VEB Fischlandschmuck“, der als „VEB Ostsee-Schmuck“ zum größten Schmuckhersteller der DDR wuchs. In den 1960er-Jahren folgte die Profilierung des städtischen Museums zum „Bernsteinmuseum“. Das zeigt heute die größte Bernsteinausstellung in Deutschland und trägt deshalb völlig zurecht den Namen „Deutsches Bernsteinmuseum“. Bevor der Bernstein aber in jüngster Zeit die Stadt mit seinem goldgelben Schein überstrahlte, war der Ort über Jahrhunderte durch ein Kloster dominiert, in dessen Klausurgebäuden sich heute das Museum befindet.

Als Klarissenkloster wurde es 1324 gegründet. Als „Adeliges Fräuleinstift“ sollte es nach der Reformation 1549 weitergeführt werden, doch Ursula, die Äbtissin, wusste das zu ihren Lebzeiten zu verhindern. Immerhin stammte sie aus dem mecklenburgischen Herzogshaus und war offenbar eine energische Frau. Erst 1600 wurde dieser letzte Hort des „Papismus" – des Katholizismus – in Mecklenburg auch protestantisch. Die Frauen, die nun hier einzogen, nannten sich Konventualinnen und waren unverheiratete Töchter meist aus den Adelsfamilien des Landes. Die Wappenschilder der Damen gehören zu den interessantesten Überlieferungen und sind in der Kirche zu besichtigen. 1961 verstarb die letzte Konventualin und gleichzeitig Domina, Olga von Oertzen. Zuvor hatte sie aber noch zahlreiche Stücke dem Museum übergeben, darunter eine größere Kollektion von „Damenorden".

Rostock – die heimliche Hauptstadt

„Windjammer" werden die Großsegler mit drei oder auch vier Masten genannt, die jedes Jahr im Sommer in Rostock in großer Zahl während der Hanse-Sail gesichtet werden können. Der „Jammer" kommt wohl aus dem englischen *jam* für *pressen*, aber Seeleute wollen ihr hölzernes Segelschiff auch unter dem Druck des die Segel pressenden Windes schon wirklich jammern gehört haben. Tatsächlich ist das Schauspiel dieser Schiffe unter „Vollzeug" weniger für die Ohren gedacht, sondern viel mehr als Fest für die Augen.

Hanse-Sail in Rostock im Jahr 2010

So ist es kein Wunder, dass die Augenpaare nach Hundertausenden zu zählen sind, die sich für dieses Spektakel hinter Ferngläsern, unter schirmender Hand oder einfach suchend im Rostocker Stadthafen, an der Warnemünder Mole oder selbst auf einem Segler mitsegelnd mühen. Der Erfolg

für die Augen ist garantiert. Immer geht der Blick nach oben zur Mastspitze, bis die Augen gegen das Schaukeln wieder Bodenhaftung oder den beruhigenden Horizont suchen. Beim Besuch an Bord ist des Wunderns kein Ende, und man fragt sich, wie denn Ordnung bei all den Leinen, Geräten und Behältnissen zu halten ist. Noch größer wird das Staunen, wenn diese Schiffe unter vollen Segeln laufen. Gebellte Befehle, wiederholt von ausführenden Seeleuten, lassen die schwimmenden Kolosse gleitende Manöver vollführen. Halse, Wende, Segel setzen und reffen – klare Ansagen und gleichzeitiges Handeln garantieren den Erfolg. „Seereise beendet" und „Gute Seemannschaft" heißt das höchste Lob zum Schluss, wenn das Schiff wieder fest vertäut im Hafen liegt. Es gibt so viel zu sehen, dass die Auswahl schwerfällt, um die Masse des Erlebten zu verarbeiten. Unvergessen bleibt Rostock als Hafenstadt.

Wappen der Herzöge von Mecklenburg-Güstrow am Schloss Güstrow 1604

Mecklenburg-Strelitz

Diese Region besteht im Wesentlichen aus der alten Herrschaft Stargard, die 1292 durch die Tochter des brandenburgischen Markgrafen, Beatrix, als Mitgift bei der Heirat mit Heinrich II. an die Mecklenburger gefallen war.

Das symbolisiert im fürstlichen mecklenburgischen Wappen ein Damenarm mit einem Ring zwischen den Fingern.
Später gehörte das Gebiet zu Mecklenburg-Güstrow.
1695 starb diese Linie aus.
Es folgten fünf Jahre Streit und schließlich die Gründung des Landes Mecklenburg-Strelitz mit erheblichen Gebietsveränderungen.

Gewinner waren die Schweriner Herzöge. Trotzdem musste noch ein Ausgleich gefunden werden. Denn Stargard war kein Fürstentum. Das aber war das 150 Kilometer entfernte Bistum Ratzeburg, und erst mit diesem Gebiet war ein Sitz im Reichstag des Heiligen Römischen Reiches Deutscher Nation verbunden. Deshalb wurde 1701 dieser kleine Landesteil dem Herzogtum Mecklenburg-Strelitz als Exklave zugeschlagen, damit der Strelitzer Herzog auch zum Reichstag nach Regensburg fahren durfte, wie seine Schweriner Vettern. Neustrelitz wurde als barocke Residenz ausgebaut. Neubrandenburg blieb wichtigstes wirtschaftliches Zentrum. Bis 1918 regierten die Strelitzer Fürsten ihr Land. Dann starb dieser Zweig aus. Der „Heimfall" an Mecklenburg-Schwerin fand aber nicht mehr statt, denn die Revolution hatte die politischen Verhältnisse verändert und garantierte den von den Strelitzern eilig gegründeten „Freistaat Mecklenburg-Strelitz" – bis 1933. Dann führten die Nationalsozialisten eine Zwangsvereinigung mit Mecklenburg-Schwerin herbei.

Das Eis hat die landschaftliche Schönheit geschaffen – Kliffküsten, Hügel, Seen, Flüsse und auch das „platte Land“ entstanden während der Eiszeiten.

Etwa vor 25.000 Jahren begann die „Weichselkaltzeit“. Wandernde Gletscher hinterließen die Seen und Höhenrücken. Tief in den Boden reichende Eisspitzen schufen zahllose Sölle. Das „längste“ Resultat wurde vor etwa 20.000 Jahren die „Innere Baltische Hauptendmoräne“, die westlich von Wismar bis nach Waren und Woldegk verläuft. Sie bildet die Wasserscheide zwischen Nordsee und Ostsee. Und sie ist am reizvollsten in der Kühlung, in der Mecklenburgischen Schweiz und um Feldberg. Ostsee und Nordsee wurden Auffangbecken für die abfließenden Gewässer der Eismassen. Urstromtäler zwischen Elbe und Oder kerbten das Land – die Täler von Peene, Recknitz und Warnow. Damit war das Antlitz Mecklenburgs geprägt. Das Eis gab „den letzten Schliff“. Es hinterließ das, was es vor sich herschob, als Seen, Granitfindlinge und Hügel – eine Landschaft, die mit

Schwingungen und Weite Erholung für Auge und Seele bietet. Erdgeschichtlich ist das sehr jung. Im Sommer 2002 wurde der „Geopark Mecklenburgische Eiszeitlandschaft" eröffnet. Die Zertifizierung als „Nationaler GeoPark" durch die Alfred-Wegener-Stiftung folgte ein Jahr später. Unter den 10 Aktionszentren zwischen Teterow, Demmin, Strasburg und Neustrelitz, die durch eine „Eiszeitroute" verbunden sind, hat Feldberg einen wichtigen Platz. Dort sieht man sich als Mittelpunkt der Eiszeitlandschaft. Deshalb steht

Rödliner eiszeitlicher Rinnensee bei Groß Schönfeld

dort das „Eiszeit- und Naturerlebnis Feldberger Seenlandschaft“. Immerhin sind hier in besonderer Dichte die erdgeschichtlichen Abläufe zu finden und, was noch wichtiger ist, sie sind auch zu sehen. Die Pommersche Hauptendmoräne bildet die Höhenzüge. Sanderflächen lösen sie ab. Und das Ganze wird von Rinnenseen, wie dem malerischen Luzien, durchschnitten. Den schönsten Blick hat man allerdings in Feldberg vom Reiherberg auf den 60 Meter darunter liegenden Haussee. „Gletscherschurf“ heißt die Ursache für diesen See. „Eiszeitentdeckungslust“ könnte die Spurensuche heißen.

Burg Stargard – die doppelte Burg

Im Namen des Ortes liegt eine Doppelung. Stargard heißt aus dem Slawischen übersetzt „Alte Burg“. „Burg Alte Burg“ klingt aber seltsam. Weil nur wenige Menschen in Deutschland den slawischen Namen übersetzen können, wurde 1926 die deutsche Erklärung vorangestellt, könnte man meinen. In Wahrheit wurde damals erst das Burgareal in das Stadtgebiet eingemeindet. Die „doppelte“ Burg existiert heute als einzigartiges Exemplar einer Höhenburg in Norddeutschland und liegt 50 Meter über der Stadt. Der Endmoränenhügel, auf dem sie steht, dient sicherlich schon seit über 1.000 Jahren als Burgplatz. Vermutlich kannten die alten Germanen bereits die Vorteile der vortrefflichen Rundumsicht. Die Slawen errichteten eine erste Befestigung. Dann ließen die Markgrafen von Brandenburg um 1240 eine neue Burg zur Grenzsicherung und zur Kontrolle der Handelswege bauen. Die Stadt wurde in der unmittelbaren

Lithografie der Burg Stargard um 1840

Nachbarschaft gegründet und hat deshalb den roten brandenburgischen Adler im Wappen. 50 Jahre später fiel sie als Mitgift an die Mecklenburger. Eine wechselvolle Geschichte folgte. Raubritter und echte Herzöge lebten oder hausten hier.
1963 wandelten sich die Burggebäude zur Jugendherberge. Es wurde um-, an- und ausgebaut, bis das heutige Ergebnis fertig war. So ist die Burg in ihrer jetzigen Erscheinung ein Eldorado für Stilsucher. Im alten Marstall, auf dem Gelände der Vorburg, kann das im Museum genau nachgefragt werden.

Hohenzieritz und die Königin Luise

Der Berliner Hof stand Kopf, als die beiden unzertrennlichen Schwestern und mecklenburg-strelitzschen Prinzessinnen Friederike und Luise als Gemahlinnen des preußischen Thronfolgers Friedrich Wilhelm (III.) und seines Bruders Louis im Dezember 1793 in Schloss Charlottenhof ihr Debüt gaben. Die spätere Königin Luise hatte es mit Charme, Anmut und Gewitztheit schnell auch zu einer hohen Popularität unter dem Volk

Fürstliches Wappen mit den gespiegelten Initialen von Herzog Carl Ludwig Friedrich von Mecklenburg-Strelitz 1790

gebracht. Nur ihr Vaterland Mecklenburg war ihr noch unbekannt, da sie in Darmstadt und Süddeutschland aufwuchs. Erst mit 20 Jahren reiste sie nach Neustrelitz.

Napoleon war später von ihr hingerissen. Das Volk lag ihr zu Füßen. Elf Kinder brachte sie zur Welt. Darunter die spätere und in ihrer Heimat hochverehrte Großherzogin Alexandrine von Mecklenburg-Schwerin und den späteren, nicht ganz freiwillig zum deutschen Kaiser gekrönten, Wilhelm I. 1810 starb sie auf dem väterlichen Schloss Hohenzieritz im Alter von nur 34 Jahren – um als Legende neu geboren zu werden, und diese Legende lebt als Gedenkstätte im Schloss Hohenzieritz fort.

Neustrelitz – eine Residenz und ihr Ende

Das Neustrelitzer Residenzschloss wurde 1726 bis 1731 im Auftrag des Herzogs von Mecklenburg-Strelitz, Adolf Friedrich III., ganz im Stil des Barocks errichtet. Fast 200 Jahre diente es der Fürstenfamilie zur Repräsentation und als Hauptwohnsitz.

Im Februar 1918 starb die direkte agnatische Folge im Mannesstamm aus. Es gab nur noch die Möglichkeit, einen entfernten Verwandten (Herzog Carl Michael) einzusetzen, der aber im Ersten Weltkrieg in russischen Diensten stand und durch die dortige Oktoberrevolution nicht auffindbar war. Deshalb übernahm Großherzog Friedrich Franz IV. von Mecklenburg-Schwerin die Verwaltung von Mecklenburg-Strelitz mit dem Ziel, beide Mecklenburg zu vereinen. Neun

Monate zogen sich die Proteste der Strelitzer und die Versuche der Schweriner hin und wurden nach der Novemberrevolution 1918 durch den Staatsminister der provisorischen Regierung in Mecklenburg-Schwerin weitergeführt. Dem kamen die Mecklenburg-Strelitzer mit einer „Unabhängigkeitserklärung“ vom Altan des Strelitzer Schlosses zuvor. Am 15. Dezember 1918 wurde im Schloss für den Strelitzer Landesteil eine verfassunggebende Versammlung gewählt, die ein „Landesgrundgesetz für den Freistaat Mecklenburg-Strelitz“ ausarbeitete, das im Januar 1919 beschlossen werden konnte. Es war die erste demokratische Verfassung eines deutschen Landes in der Weimarer Republik. Am 30. März 1919 fand die Wahl zum ersten ordentlichen Landtag mit 35 Abgeordneten statt, die mit der neuen Regierung in das Schloss einzogen.

Außerdem wurde das Gebäude mit Symbolkraft bewusst als „Kulturschlossprojekt“ Bewahrungsort für das Landesarchiv, die Landesbibliothek und das Landesmuseum. Es blieb die historisch-konservative, aber weiterhin eine Landesidentität stiftende Ausstellung der Prunkräume, die im wei-

testen Sinne von der Kraft und dem ästhetischen Vermögen dieses Landes kündeten.
Ab 1933 bauten die Nationalsozialisten diesen Charakter des Hauses schrittweise ab. Durch die Zwangsvereinigung beider Mecklenburg wurde Schwerin Landeshauptstadt. Parlament und Regierung in Neustrelitz wurden aufgelöst. Das Landesarchiv kam 1934 nach Schwerin. Das Schloss erhielt eine Fremdnutzung ohne regionalkulturellen Bezug. 1945 brannte es ab. Die Reste

---

Im Schlosspark von Neustrelitz

des Landesmuseums und der Landesbibliothek gelangten ebenfalls nach Schwerin.
In jüngster Zeit werden immer wieder Rufe laut, dieses Schloss oder zumindest Teile davon auf den erhaltenen Fundamentresten wiedererrichten zu lassen.

Mühlen in Woldegk

Stolz nennt sich das kleine Städtchen im südöstlichen Zipfel von Mecklenburg-Strelitz „Windmühlenstadt Woldegk“. Das hat seine Ursache in fünf noch heute existierenden Bauten dieser Art aus dem Ende des 19. Jahrhunderts. Alle sind vom Typ her Holländerwindmühlen. Drei davon stehen auf dem Woldegker Mühlenberg dicht beieinander.
Altes Kopfsteinpflaster führt über den Mühlendamm zur Buddeschen Mühle, dem Mühlenmuseum. Sie entstand 1883 auf dem Platz einer vorherigen Bockwindmühle aus Holz. Holländerwindmühlen sind stabiler und haltbarer. Sie ist die einzige in Mecklenburg-Vorpommern, die noch weiße Segeltücher auf den Flügeln trägt. 1952 stellte sie den Mahlbetrieb ein. 1960 beschloss die

Stadtversammlung, die Mühle zu erwerben. Der achtseitige hölzerne Rumpf steht über dem Sockelgeschoß aus Feldsteinen. Haube und Rumpf sind mit Lärchenschindeln gedeckt. Seit 1969 wird sie museal genutzt. Das komplette Windgeschirr, die hölzerne Königswelle und das große Kammrad blieben erhalten. 1993 konnten eine rekonstruierte Dachhaube aufgesetzt und funktionstüchtige Flügel angesetzt werden. Im Innern sind 5.000 Jahre Getreideverarbeitung dargestellt und laden an interaktiven Stationen zum Ausprobieren ein. Vom „Beschüttboden" ist aus jedem Fenster eine weitere Windmühle zu sehen.

Die Ehlertsche Windmühle in der Nachbarschaft ist Teil des Mühlenmuseums. 1886 wurde sie aus Brohm als „Sockelgeschossholländer" hierher umgesetzt. Hans Ehlert übernahm sie 1926 und mahlte dort bis zu seinem Tod 1969. Bei der Umstellung auf elektrischen Betrieb ließ er die Mühlenflügel entfernen. Die Windrose blieb fragmentarisch erhalten. Die vollständige technische Ausstattung stammt aus der Zeit um 1900. Rumpf und Haube sind mit Lärchenschindeln verkleidet. 1970 gab sein Sohn als letzter Woldegker Windmüller sein Gewerbe auf. 1986 kaufte die Stadt die Mühle, um sie als betriebsfähige Schauanlage zu restaurieren.

Müllermeister Julius Hundt ließ 1859 die erste Holländerwindmühle in der Stadt bauen. Sie ist die dritte auf dem Mühlenberg. Die geschweifte Haube des Turmholländers ist jüngst durch einen Nachbau ersetzt worden. Schon 1988 wurde ein Café eingerichtet.

Eine der größten Mühlen des Landes Mecklenburg-Vorpommern ist die Fröhlckesche oder Seemühle. Das denkmalgeschützte Gebäudeensemble mit dem um 1900 gebauten Wohnhaus und dem Speicher aus den 1940er-Jahren steht an der Prenzlauer Chaussee. Mit ihrem runden Baukörper auf einem zweigeschossigen Unterbau aus Feld- und Backsteinen und der geschweiften Haube ist sie 1888 als „Galerieholländer" nach einem Brand neu errichtet worden. Sie war die leistungsfähigste Windmühle der Stadt und stellte 1960 die Produktion ein. Seit 1999 verfügt sie wieder über Flügel.

Ehlertsche Mühle in Woldegk

Als fünfte Windmühle der Stadt fällt der rote dreigeschossige Turmholländer von 1895 am Gotthunskamp auf. Sie ist ebenfalls ein Ersatz für eine frühere Bockwindmühle. Sie wird „Gotteskampmühle" oder wegen ihrer Farbe auch „Moulin Rouge" genannt. 1943 wurde der Betrieb eingestellt und die Technik verkauft. Um den Baukörper zu erhalten, wurde 1978 einer Nutzung zu Wohnzwecken zugestimmt. Das Mauerwerk und die baufällige Turmhaube wurden restauriert. Durch eine neue Windrose kann der Mühlenkopf wieder gedreht werden.

Neubrandenburg – Stadt der vier Tore

Der Zynismus der Geschichte fügte es im Mai 1945, dass die einst zum Schutz der Stadt angelegten Mauern erhalten blieben und das, was sie schützen sollten, die Gebäude der Innenstadt, durch die Artillerie der Roten Armee zum größten Teil zerstört wurden. Dadurch ergibt sich das heute scheinbar widersinnige Bild, dass sich in Neubrandenburg die schönsten mittelalterlichen Stadttore Mecklenburg-Vorpommerns befin-

den und zahlreiche Wiekhäuser in der Mauer als einmaliges Ensemble erhalten sind, während die Innenstadt weitgehend nach sozialistischem Stilempfinden aufgebaut wurde.
Die Kommune nennt sich heute „Stadt der vier Tore“ und auch ein entsprechendes Fest darf nicht fehlen. In den Toren tummelt sich die Kultur mit dem Regionalmuseum, der Fritz-Reuter-Gesellschaft oder einer Galerie. Als aber das „Hotel zu den vier Toren“ 1970 als beste Adresse der Stadt entstand, fragte der lästerliche Volksmund, wer denn wohl die vier Toren seien, denen zu Ehren das Haus so benannt würde, und deshalb hieß es dann „Hotel vier Tore“. Natürlich fanden sich unter den Toren-Namen, die kursierten, auch etliche SED-Politiker. Dieser Respektlosigkeit wurde so Einhalt geboten. Die Toren regieren seit 1990 nicht mehr. Das Hotel wurde umgewidmet, und so drohte die Geschichte in Vergessenheit zu geraten, was hiermit verhindert wurde.

Seite 92: Wiekhäuser in der Stadtmauer von Neubrandenburg

Literaturverzeichnis

Ulrich Bentzien/Siegfried Neumann (Hrsg.): Mecklenburgische Volkskunde, Rostock 1988.

Rainer Holz/Ernst-Wilhelm Rabius (Hrsg.): Naturschutz in Mecklenburg-Vorpommern, Schwerin 1993.

Johannes Erichsen (Hrsg.): 1000 Jahre Mecklenburg. Geschichte und Kunst einer europäischen Region, Rostock 1995.

Wolf Karge/Peter-Joachim Rakow/Ralf Wendt (Hrsg.): Ein Jahrtausend Mecklenburg und Vorpommern. Biographie einer norddeutschen Region in Einzeldarstellungen, Rostock 1995.

Frank Erstling u. a. (Hrsg): Mecklenburg-Strelitz. Beiträge zur Geschichte einer Region, O.O. 2001.

Landeskundlich-historisches Lexikon Mecklenburg-Vorpommern, Rostock 2007.

Wolf Karge: Illustrierte Geschichte Mecklenburg-Vorpommerns, Rostock 2008.

Heidrun Lorenzen/Volker Probst (Hrsg.): Bildende Kunst in Mecklenburg 1900–1945, Rostock 2010.

Wolf Karge/Ernst Münch/Hartmut Schmied: Die Geschichte Mecklenburgs, Rostock 2011.

Wolfgang Huschner u. a. (Hrsg.): Mecklenburgisches Klosterbuch. Handbuch der Klöster, Stiftungen, Kommenden und Prioreien (10./11.–16. Jh.), Rostock 2016.

Weisheiten von Goethe und Schiller
Klassische Küchenkräuter
Klassische Heilkräuter
Klassische Gewürze
Homöopathische Hausapotheke
Gesundheit aus der Tasse
Das Monats- & Feiertagsbüchlein
Großmutters Küchentipps
Großmutters Haushaltstipps
Klassisches Gemüse und Wildgemüse
Klassisches Obst und Wildfrüchte
Mit Bauernregeln durch das Jahr
Kleines Thüringer Bratwurst-Buch
Kleines Thüringer Kloßbuch
Kleines Skatbuch
Luther – Weisheiten & Lebensweisheiten
Cranach – Die Maler der Reformation
Klosterweisheiten
Großmutters Gesundheitstipps
Kleines Usedom-A–Z
Redewendungen auf der Spur
Die Rhino-Westentaschen-Bibliothe
Der Harz von A bis Z
Das kleine Strandbuch
Ilmenau von A bis Z
Futtern wie bei Luthern
bauhaus
Bibelsprüche
Das kleine Buch der Wettiner
Die Thüringer Landgrafen
Kleine Geschichte Thüringens
Der Rasende Roland
Kreuz & quer gedacht
Thüringer Klöster
Wiederentdeckte Kräuter
Besondere Kirchen in Thüringen
Kleine Geschichte Sachsens
Theodor Fontane – landauf, landab
Das kleine Wismarbuch
Der Brocken · Mythos und Wirklichkeit
Das kleine Buch der Thüringer Trachten
Kleines Tucholskybuch
Der Molli
SCHLÖSSER- & BURGENLAND zwischen Saale und Unstrut
RHINOVERLAG
Das kleine Buch der SÄCHSISCHEN BURGEN & FESTUNGEN
RHINOVERLAG
Kleine GESCHICHTE MECKLENBURGS
RHINOVERLAG
Unser komplettes Programm finden
Sie im Internet unter: shop.vggh.de
Neuerscheinung

Die Rhino-Westentaschen-Bibliothek

rühjahr 2024

RHINOVERLAG